POLITIQUE NATIONALE

ORGANISATION

DU

SUFFRAGE UNIVERSEL

CONSTITUTION DE LA SOCIÉTÉ FRANÇAISE

PAR

A. COURBEBAISSE

INGÉNIEUR EN CHEF DES PONTS ET CHAUSSÉES

Consulter la Nation et lui obéir.

Vérité des élections. — Unité du pays,

Votes compétents, libres, éclairés, tous représentés,

La famille, base de l'ordre social, doit être aussi
base de l'ordre politique.

Troisième édition. — Prix : 50 c.

ROCHEFORT

IMPRIMERIE TRIAUD ET GUY, RUE DES FONDERIES, 72.

—

1874.

ROCHEFORT. — IMP. TRIAUD & GUY, Rue des Fonderies, 72

ORIGINE

ET

ESPRIT DE CES ÉTUDES

———

Ce travail n'est pas une œuvre de parti : c'est un essai d'application de la science froide et impartiale à la question brûlante des élections.

J'ai été conduit à ces recherches par la préoccupation qui porte tous les esprits à découvrir les moyens de sortir de l'impasse apparente où la France est engagée.

A ne voir que les agitations des partis, à n'écouter que leurs clameurs discordantes, on se croirait arrivé à une de ces époques funestes de crise et de confusion, dont on ne peut sortir que par la voie sanglante des guerres civiles. Mais en allant au fond des choses, en cherchant, au-dessous de cette agitation superficielle, quels sont les sentiments, la volonté de la Nation, l'esprit calmé se rassure ; il reconnaît que la plus grande partie du pays ne partage pas ces passions furieuses et effrayantes qui paraissen prêtes à s'entrechoquer.

Le pays, s'élevant au-dessus de nos divisions, n'appartient à aucune opinion politique, et ce n'est pas par apathie, par indifférence ; il porte un vif intérêt aux questions politiques ; il suit attentivement la marche des faits, mais il ne partage les passions d'aucun côté ; il a une horreur instinctive pour les révolutions, les guerres civiles, les luttes haineuses et désordonnées des partis ; affligé par l'aspect de tout désordre, de toute souffrance, de toute oppression, il couvre d'une bienveillance commune les partis tombés dont il oublie les fautes pour plaindre les douleurs, et le pouvoir dont il désire que chacun facilite et éclaire la marche dans l'intérêt général.

En bonne mère de famille, la France a une réserve inépuisable d'affection pour tous ses enfants, d'indulgence pour leurs fautes, de pitié pour leurs douleurs, et elle n'éprouve d'aversion que pour la haine, l'intolérance, l'égoïsme, et les appels trop fréquents des partis à ces mauvais sentiments.

Qu'on se rassure donc : le pays ne veut ni guerres civiles, ni révolutions ; il veut l'ordre, la paix, le libre essor du travail. Sa volonté bien arrêtée saura se faire jour et obtenir l'obéissance de tous. On doit même reconnaître, à la louange des partis, et comme un symptôme des plus favorables, qu'ils s'accordent, au milieu de leurs luttes passionnées, pour en référer au vœu du pays, et pour déclarer qu'ils sont prêts à obéir à sa volonté clairement exprimée.

Quel est donc le moyen de faire apparaître, d'une manière éclatante et certaine, cette volonté du pays qui doit produire l'accord de tous ? Comment en appeler à cette raison bienveillante de la Nation, qui nous a déjà sauvés dans le passé, qui doit nous sauver dans l'avenir ? Telle est la préoccupation constante qui m'a conduit à l'étude des questions électorales, autour desquelles s'agitent les partis, chacun cherchant à les faire décider dans le sens de ses désirs, de ses illusions. Ai-je besoin de dire que c'est à un point de vue parfaitement impartial que je me suis placé ? N'appartenant exclusivement, pas plus que la masse de la Nation, à aucune opinion politique, répugnant aux sentiments étroits et exclusifs des partis, je me suis posé pour seul but de trouver un procédé électoral donnant une représentation du pays exacte et complète, persuadé, je le répète, que la seule difficulté du moment était de faire surgir cette sagesse profonde de la masse du pays, pour imposer sa volonté respectée à tous les partis, et juger en arbitre puissant toutes leurs dissidences.

Mes efforts consciencieux ont eu, je crois, un résultat utile, et je suis arrivé au procédé électoral, sûr et exact, que j'ai cherché si longtemps. Mon devoir est de le publier, non que je me fasse illusion sur l'effet immédiat de cette publication ; obscur et inconnu, n'ayant à ma disposition ni les charmes du style, ni la puissance que donne la passion ardente, pour intéresser le lecteur et lui dérober l'aridité du sujet que je traite, je ne puis m'adresser qu'à ce petit nombre d'esprits travailleurs qui ne craignent pas les études sérieuses, qui savent vaincre les dégoûts d'une forme rebutante, et, satisfaits de trouver des idées justes et fécondes, pardonnent aisément le défaut d'art et d'attrait. C'est à ces bons esprits que je m'adresse, sachant que mes études ne peuvent aboutir qu'après avoir été d'abord complétées et fécondées par leur travail. Je les prie d'examiner mûrement ces idées, de les épurer, de les rendre praticables, si elles ne le sont pas encore, et de les vulgariser enfin par la puissance de leur talent.

Le système d'élection auquel je suis arrivé n'est donc pas le produit d'idées préconçues dans le but de favoriser tel ou tel parti : il est sorti de l'étude consciencieuse de la nature des choses. Je crois qu'il est conforme aux lois et aux procédés de la nature dans ses opérations analogues, et qu'on peut l'appeler *Système d'Elections naturelles*.

POLITIQUE NATIONALE

La vraie politique nationale n'admet pas de partis exclusifs ; elle ne veut ni monarchistes, ni républicains absolus. Tout bon citoyen peut avoir ses préférences pour telle ou telle forme de gouvernement ; mais il doit vouloir, avant tout, que la nation soit maîtresse d'elle-même et se gouverne à son gré, toujours prêt à accepter et à aider au bien le gouvernement qu'elle se donne, pourvu qu'il procède bien sûrement et incontestablement de la Nation.

Or, qu'est-ce que la Nation ? La Nation n'est pas seulement un souverain, des castes aristocratiques ou des classes bourgeoises plus ou moins lettrées, plus ou moins oisives, ni les foules d'ouvriers et de paysans, ni un seul sexe ou un seul âge ; la Nation comprend tous les français de toute classe, de tout sexe et de tout âge, les femmes et les enfants comme les hommes, les vieillards, les malades et infirmes comme les citoyens valides, les colons, voyageurs, marins et soldats comme les citoyens présents dans leur commune. La Nation nous comprend tous, et dans un vrai gouvernement national, il n'est pas un français non déchu de ce titre qui ne doive être représenté.

Aussi le premier principe de la politique nationale demande un vrai suffrage universel parfaitement organisé, excluant toutes les parodies que nous avons eues jusqu'à présent, où les électeurs les plus éclairés, les plus dévoués, les plus désintéressés n'ont aucune action, les élections étant livrées aux menées des intrigants, ambitieux et brouillons qui nous ont valu toutes les révolutions et les guerres civiles ou étrangères qui nous ont périodiquement ruinés et désolés.

Un vrai suffrage universel doit comprendre la famille, vraie base de l'ordre social. Si les femmes et les enfants ne peuvent voter eux-mêmes, le chef de la famille, leur représentant naturel et légal, doit voter pour eux.

Tout citoyen majeur doit être électeur et émettre autant de bulletins qu'il représente de personnes, chacun représentant sa femme, ses enfants et pupilles et les parents malades, absents ou empêchés qui l'ont délégué.

*
* *
* *

Le salut du pays, son bonheur, sa liberté tiennent à une seule chose : *Une bonne loi électorale.*

Il nous faut un *bon procédé d'élection* qui assure une représentation sincère et complète des communes, des départements, de la Nation.

Il nous faut un *procédé électoral rationnel* qui donne la gestion de nos affaires aux hommes les plus honnêtes et les plus capables.

Il nous faut des élections qui calment et qui unissent, au lieu d'irriter et de diviser.

Il faut que tout électeur, *libre enfin,* puisse se faire représenter sûrement, que tous les votes soient *bien libres, bien éclairés, bien réfléchis et tous bien exactement représentés.*

Tous nos troubles, tous nos malheurs viennent de nos vicieux procédés électoraux.

Le gouvernement de toute nation prétendant être libre

a nécessairement l'élection pour base, et l'élection est une excellente chose, mais à la condition d'être une véritable élection et non pas une triste parodie.

Or, il faut le reconnaître, tous nos procédés électoraux ont été plus vicieux, plus absurdes les uns que les autres ; nous n'avons su encore qu'aller d'une absurdité à une autre ; toutes nos lois électorales ont été faites en vue des passions et des intérêts momentanés des hommes, des classes, des partis au pouvoir, et n'ont fait que les conduire à leur perte ; toutes ces lois vicieuses ont forcément amené au pouvoir, en grande majorité, des ambitieux, des brouillons, des intrigants, des incapables ; nous n'avons pas eu une seule assemblée représentant exactement ses électeurs, pas une ayant sur le pays une autorité certaine et incontestée.

Toutes nos élections, au lieu de nous donner l'ordre, la paix et la liberté, ne nous ont donné que troubles, guerres, oppression.

*
* *

Pour trouver le vrai procédé électoral naturel, il faut le chercher sans parti pris, sans autre passion que la vérité. Si nous pouvons indiquer avec certitude des procédés d'élection sûrs, donnant tous les bons résultats annoncés, c'est parce que nous y avons travaillé trente ans, en y pensant sans cesse, et jamais seul, mais toujours avec tous les hommes de bonne volonté que nous avons rencontrés dans toutes les classes, de toutes les opinions, des caractères et des pays les plus divers, sachant qu'un homme seul est faible et incomplet, et ne peut atteindre la vérité sans l'aide des autres. Aussi la découverte des procédés que nous allons proposer appartient-elle, non à nous seul, mais à tous ceux avec qui nous avons travaillé, cherché, discuté, aussi bien à ceux qui nous critiquaient qu'à ceux qui nous approuvaient ; car nous n'avons jamais laissé une objection juste et légitime sans arriver à la satisfaire.

Il est vrai que nos procédés, parce qu'ils sont justes pour tous, ne satisfont *exclusivement* aucune passion, aucun parti. Aussi, auront-ils pour adversaires tous les intrigants, les faiseurs, les brouillons et les ambitieux qui ont constamment exploité et mené la pauvre humanité. Des procédés qui assurent la liberté des électeurs et leur permettent de se faire représenter sûrement et fidèlement, ne peuvent convenir à ceux qui veulent les tromper et les exploiter. Nous ne pouvons donc espérer que l'adhésion des hommes qui aiment la justice et la vérité.

*
* *

Quels sont les principes généraux qui doivent présider à toute élection ? Telle est la première question que je me suis posée.

Toute élection a pour but la représentation d'une certaine collection d'individus par un nombre de personnes moindre, ou, en d'autres termes, la réduction à une certaine échelle d'un ensemble d'électeurs en un petit nombre d'élus. Pour que cette représentation réduite puisse s'opérer, il faut admettre, et cela est, en effet, que les personnes à représenter peuvent se classer par groupes ayant des intérêts à peu près identiques et pouvant se faire représenter par une seule personne, le type le plus complet de ces intérêts. Le mécanisme électoral doit donner aux électeurs le moyen d'opérer régulièrement ce classement, de manière à ce que tous puissent y trouver leur place. Pour cela, la loi doit éclairer le vote de chacun, mais le laisser complétement et réellement libre, pour que chaque électeur, dans son vote, puisse se représenter fidèlement et entièrement, non pas seulement sous un rapport, mais sous tous les rapports, dans toutes ses idées, tous ses sentiments, tous ses intérêts; il faut ensuite que la loi tienne compte de tous les votes, à la seule condition qu'ils se réunissent en assez grand nombre pour être comptés, et elle doit leur en fournir le moyen. Un procédé électoral, qui ne tient compte que d'une partie des votes, ne peut donner que la représentation de cette partie des électeurs, et si ces votes ne représentent qu'imparfaitement ceux qui les ont émis, il ne peut donner qu'une représentation imparfaite, même de cette partie. Si, au contraire, chaque vote représente exactement celui qui l'émet, et qu'il soit tenu compte de tous les votes, le procédé électoral qui réalisera ces deux conditions, donnera une représentation exacte et complète de tous les votants.

J'admets donc, comme principes nécessaires de toute élection :

VOTE ÉCLAIRÉ ET LIBRE, REPRÉSENTANT FIDÈLEMENT CELUI QUI L'ÉMET.

ÉGALE REPRÉSENTATION DE TOUS LES VOTES.

Ces principes conduisent, pour pouvoir être satisfaits, à un autre qui peut s'établir en outre de lui-même. J'appellerai ce principe supérieur UNITÉ D'ÉLECTION.

Ce principe demande l'unité de vote dans le bulletin, l'unité de dépouillement pour tout le pays. Pour arriver à la représentation réduite d'une collection d'électeurs, où PLUSIEURS doivent être représentés par UN, il y a, en effet, quelque chose d'absurde à demander à chacun le vote d'une liste, comme si CHACUN devait être représenté par PLUSIEURS. Les noms portés par un électeur sur une liste n'ont pas, d'ailleurs, des droits égaux à sa confiance, et pourtant ils ont des droits égaux dans le dépouillement. Quant à l'unité de dépouillement, il me paraît évident que, pour avoir une Assemblée représentant l'unité du pays, tendant à la convergence des idées, des sentiments, des intérêts de ce pays, il ne faut pas commencer par le diviser et le séparer dans les élections, mais lui laisser, au contraire, pour ce grand acte, son unité entière. J'admets donc l'unité de vote dans le bulletin, l'unité de dépouillement dans le pays, comme premières conditions de l'unité d'élection.

Ce principe d'unité d'élection demandant unité de vote dans le bulletin et dépouillement unitaire des bulletins, peut donc s'établir par lui-même ; mais il est en outre nécessaire, pour que les votes soient libres et puissent être tous comptés. Quand le pays est divisé en circonscriptions électorales, tous les électeurs d'une circonscription sont forcés de se faire représenter par les mêmes personnes, quelles que soient la variété et la divergence de leurs idées, variété presque aussi grande dans une circonscription que dans tout le pays; la liberté réelle de l'électeur est détruite, parce qu'il est forcé, pour que son vote ait *chance* d'être compté, de se prononcer entre un petit nombre de candidats choisis par les opinions *politiques* les plus nombreuses dans la localité, que ces candidats lui conviennent ou non ; et après avoir détruit la liberté du vote qui ne peut plus représenter fidèlement l'électeur contraint qui l'émet, la circonscription électorale rend impossible la représentation de tous les votes, en ne tenant aucun compte des minorités, quelque considérables qu'elles soient, plus nombreuses quelquefois par leur réunion que la majorité dont il est seulement tenu compte. Comment de pareilles élections où le vote ne peut pas représenter l'électeur, et qui ne tiennent compte que d'une partie des votes, pourraient-elles donner des Assemblées représentant bien le pays et ayant autorité sur lui ? Evidemment cette autorité sera contestée à chaque instant par les partis qui y seront en minorité.

Les principes généraux qui doivent présider à toute élection sont donc :

UNITÉ D'ÉLECTION ;

VOTE ÉCLAIRÉ ET LIBRE, REPRÉSENTANT FIDÈLEMENT L'ÉLECTEUR QUI L'ÉMET ;

EXACTE REPRÉSENTATION DE TOUS LES VOTES.

*
* *

Les divers modes d'élection employés jusqu'à présent ne satisfont aucun de ces trois principes ; aussi leurs mauvais résultats ont-ils conduit à les changer sans cesse ; ils ont tous péché par le faux principe de la circonscription électorale, reste naturel de nos anciennes divisions territoriales, qui a dû être d'abord nécessaire, mais qui doit tomber devant le principe supérieur d'unité, assez réalisé aujourd'hui dans le pays pour pouvoir passer dans ses élections. La circonscription électorale, au lieu de représentants du pays entier, ne donne que des représentants de fractions du pays ; le nom de *représentants de clocher* dont on avait frappé les élus d'arrondissement, montre assez la réalité de ce grave inconvénient ; un premier pas vers l'unité d'élection a fait étendre au département la circonscription électorale ; mais on est tombé alors dans cette autre erreur du scrutin de liste, dont les conséquences anormales ont fait regretter même l'ancien système à beaucoup de bons esprits.

Les divers systèmes essayés ont d'ailleurs eu leur raison d'être et leur utilité relative ; c'est à l'expérience qu'ils nous auront donnée, que nous devrons les progrès accomplis dans les systèmes futurs.

En résumé, les principes posés sont évidents et incontestables ; les divers systèmes connus ne les satisfont point, et sont par suite radicalement défectueux. Personne, je crois, ne contestera ces deux vérités ; mais on me dira qu'il est peut-être impossible de faire mieux, et on me demandera comment on pourrait satisfaire facilement les principes que j'ai établis ; c'est ce que je vais exposer.

*
* *

Nous avons vu que pour satisfaire au principe de l'unité d'élection, chaque bulletin de vote ne devait porter qu'un candidat, et que tous les bulletins devaient être réunis pour un seul dépouillement général.

Pour faciliter le vote à tous les électeurs, il doit avoir lieu dans chaque commune divisée, suivant son étendue, en un assez grand nombre de sections électorales pour que chaque électeur puisse voter sans déplacement sensible. Les bulletins n'étant pas ouverts sur place, mais devant être réunis au lieu du dépouillement général, le petit nombre d'électeurs de chaque section n'est plus un obstacle au secret du vote avec la prescription de l'uniformité extérieure des bulletins.

Tous les hommes sont ressemblants et divers ; il n'y a pas deux hommes qui se ressemblent ou qui diffèrent complètement, qui n'aient des choses communes et des choses différentes. C'est sur ces ressemblances et ces diversités de tous les hommes, que doivent reposer les principes de toute élection rationnelle.

C'est pour cela que toute collection humaine, commune, canton, province ou nation exige, pour être bien représentée, une Assemblée, un Conseil, et ne peut l'être par un seul homme ; c'est ce qui condamne radicalement l'absurdité de la circonscription par représentant.

Toute circonscription présente de grandes variétés d'opinions, de sentiments, d'intérêts qui ne peuvent être représentées par un seul homme, et toute loi électorale basée sur le principe de la circonscription par député ne produira que luttes, divisions funestes et mécontentement général.

Mais de ce que toute collection humaine ne peut être bien représentée que par un certain nombre de personnes, il ne faut pas en conclure que chaque membre de cette collection doit voter pour ce nombre de représentants, et tomber dans cet autre absurdité du scrutin de liste, triste pendant de la circonscription par député.

Il faut que toute collection humaine soit représentée par une collection, et que toute personne soit représentée par une personne, ce qui conduit à ces deux principes nécessaires de toute élection rationnelle : *Unité de collége, unité de candidat.* Toute collection humaine doit conserver son unité pour l'élection et former un seul collége. Tout bulletin de vote doit porter un seul candidat.

*
* *

Dans toute élection, tout électeur veut et doit être parfaitement libre, mais veut et doit en même temps être bien éclairé et connaître l'avis des autres électeurs, ce qui ne fait d'ailleurs qu'augmenter sa liberté. Pour satisfaire ce double désir, ce double droit, il faut deux scrutins, le premier devant élairer le second.

Dans le premier scrutin, l'électeur sachant qu'il aura à y revenir, n'a pas à se préoccuper de l'opinion et du vote des autres, et peut voter avec une liberté et une indépendance absolue pour l'homme, quel qu'il soit, qui lui convient le mieux ; il faut seulement que son candidat soit suffisamment désigné, ce qui doit être facilité par la remise à chaque électeur, avec sa carte, de bulletins à indications préparées pour les nom, prénoms, profession, qualités, âge, pays du candidat, qui peuvent être utiles à une indication suffisante.

Ce premier scrutin dépouillé, on forme la liste des candidats par ordre de nombre de suffrages ; il est naturel de prendre en tête de cette liste le nombre d'élus nécessaire pour le conseil à former, en demandant à chacun d'eux s'il accepte le mandat qui lui est offert par le libre vote des électeurs. Il est en effet absurde que des candidats se choisissent et se présentent eux-mêmes aux électeurs. C'est du choix des électeurs qu'ils doivent provenir et non de leurs ambitions personnelles.

Le Conseil étant ainsi composé, afin de bien éclairer les électeurs et d'assurer dans tous les cas l'importante représentation de *tous les votes,* chacun des élus doit être invité à choisir parmi ses collègues un suppléant pour représenter, en cas d'absence, les voix qui lui seront confiées.

La liste des élus numérotée par ordre avec les nombres de suffrages et l'indication de leurs délégations est alors imprimée, publiée et remise à chaque électeur. Chacun d'eux connaît ainsi l'avis des autres électeurs et celui bien important de tous les élus les uns sur les autres.

Chaque électeur est alors appelé dans un second scrutin à choisir définitivement parmi tous les élus celui d'entr'eux qui lui convient le mieux pour lui confier ses intérêts jusqu'à l'élection suivante.

Le conseil est alors complétement constitué, et dans les votes de ce conseil, la voix de chaque membre compte, comme il est juste et naturel, pour le nombre d'électeurs qui l'ont définitivement choisi dans le second scrutin; chaque membre absent est remplacé par son suppléant.

*
* *

On peut affirmer que par ce procédé bien rationnel et naturel, les suffrages des électeurs auront été *bien libres*, *bien éclairés*, *bien réfléchis*, et qu'ils sont *tous sûrement représentés*. Pas un électeur ayant voté dont la voix ne soit comptée dans tous les votes du conseil. Toutes les opinions, tous les sentiments, tous les intérêts, en quelque minorité qu'ils soient, seront fidèlement représentés suivant le nombre exact de leurs adhérents.

Ce résultat si important est obtenu sans troubles et intrigues d'aucune espèce, sans présentation de candidats, circulaires, professions de foi, distributions de bulletins, sans aucuns frais pour les élus et les électeurs, sans nécessité d'assemblées préparatoires, de journaux, de clubs et de brochures.

Tout cela est parfaitement libre sans doute, mais sans aucune nécessité et sans aucun danger. Les ambitieux, les brouillons, les intrigants plus ou moins capables ou incapables, les agitateurs de toute espèce peuvent se remuer autant qu'ils le voudront, faire gémir toutes les presses à leur service, convoquer toutes réunions, distribuer tous

leurs factums ; le pouvoir, les partis, les opinions et les intérêts de toute sorte peuvent adjurer et solliciter les électeurs de tous les côtés. Au milieu de tout cela, les électeurs parfaitement libres et tranquilles, bien éclairés par le procédé électoral lui-même, indépendamment de tous les agissements particuliers, sont parfaitement sûrs d'émettre paisiblement leurs avis, et de se faire *tous* représenter aussi bien que possible.

Aussi je puis affirmer, avec l'autorité de trente ans d'études collectives et avec l'assentiment unanime de tous ceux qui y ont pris part, et qui en ont connu et apprécié mûrement les resultats, que les élections, avec ce procédé naturel, seraient parfaitement calmes et tranquilles, apaiseraient toutes les passions et tous les dissentimens en leur donnant une satisfaction légitime, et produiraient comme par enchantement *la paix, l'ordre, la liberté* dans les pays ainsi sûrement représentés.

Ces élections seraient un élément certain d'union et de calme au lieu d'être un danger de trouble et de division ; aussi conviendrait-il de les faire tous les ans.

Chaque année la nature refait ses élections de fleurs et de fruits ; l'homme change d'une année à l'autre ; il meurt et il naît des électeurs ; il meurt aussi des élus ; d'autres s'usent ou se fatiguent. Il convient donc, pour assurer constamment l'harmonie et le bon accord des élus et des électeurs, de refaire les élections chaque année ; il y aura peu de changement chaque fois, mais ce peu de changement est utile à la santé sociale.

Le procédé naturel d'élection que nous proposons peut se résumer ainsi :

Unité de collége dans toute élection ;

Unité de candidat sur tout bulletin ;

Double scrutin, le premier déterminant les élus, le second déterminant le nombre de voix qu'aura chacun d'eux.

*
* *

Nous pouvons annoncer deux résultats curieux de ces procédés rationnels d'élection; c'est qu'il n'y aurait plus sensiblement d'abstention parmi les électeurs et d'exclusion parmi les élus, et voici pourquoi :

Les électeurs, satisfaits de pouvoir se faire représenter comme il leur conviendrait, et poussés en outre par les diverses catégories d'opinions, d'intérêts, de localité dont ils feraient partie, pouvant voter d'ailleurs de la façon la plus simple et sans déplacement sensible, voteraient tous, soit pour leur compte, soit pour celui des parents absents, malades, empêchés qui les auraient délégués; quant aux élus, après avoir vu généralement pendant quelques années augmenter le nombre de leurs voix, ils le verraient ensuite diminuer progressivement et seraient ainsi avertis à temps de se retirer avant que ce nombre eût assez diminué pour les exclure.

Le procédé indiqué peut fonctionner avec les électeurs primaires pour l'élection des conseils départementaux et d'un conseil national, comme pour les conseils communaux; mais si l'électeur primaire le plus simple et le plus ignorant est assez compétent dans sa commune quand on lui pose la question aussi simple que possible du choix de l'homme le plus digne de le représenter parmi tous ceux au milieu desquels il vit, et qu'on lui fait connaître pour son vote définitif l'avis des autres électeurs et des élus eux-mêmes, il n'en est pas de même aux degrés suivants; aussi, de même que nous avons pris pour l'électeur communal de la famille le père de famille portant au scrutin les votes de cette famille, convient-il de prendre pour les électeurs départementaux de la commune ses conseillers communaux, chargés par elle de la représenter et ayant la compétence nécessaire pour de bons choix départementaux. Chaque conseiller communal sera électeur départemental pour autant de votes qu'il en aura reçus au second scrutin de sa commune.

Si on nous objectait la difficulté de votes au scrutin secret par des votants représentant de grands nombres de voix très-divers, nous répondrions que ces votes s'opèreraient au moyen de bulletins de couleurs ou formes variées comptant pour un, dix, cent, mille, dix mille, etc., aussi facilement qu'on écrit un nombre quelconque avec quelques chiffres.

On prendrait de même pour électeurs nationaux de chaque département ses conseillers départementaux, chacun pour le nombre d'électeurs qu'il représente.

Aucun suffrage primaire communal n'est ainsi perdu ; tous sont scrupuleusement conservés, mais tous élevés en valeur, chacun s'étant choisi un représentant plus capable que lui-même ; on arriverait ainsi au sommet de la représeutation nationale sans avoir perdu aucun suffrage, les ayant tous religieusement conservés , mais en les élevant de valeur à chaque degré d'élection.

Chacun de ces corps électoraux pourrait fonctionner avec le système rationnel du double scrutin successif, le premier créant les conseillers , le second déterminant leur nombre de voix, et ce serait, à mon avis, le meilleur système théorique.

Mais je ne le crois pas le plus pratique à proposer aujourd'hui; il serait trop difficile de déposséder les électeurs primaires des droits auxquels ils tiennent énergiquement de nommer leurs conseillers généraux et leurs députés ; je me suis donc résigné à proposer un système mixte où les électeurs compétents fonctionnent au premier scrutin pour choisir les meilleurs conseillers, et où les électeurs primaires choisissent leurs représentants parmi les conseillers issus de l'élection compétente.

Nous n'avons posé aucune condition d'éligibilité. Pour être éligible, il faut être élu, et voilà tout ; que tous les électeurs soient bien libres dans leurs choix, et ils sauront bien laisser de côté ceux qui sont indignes, pourvu qu'on ne les irrite pas par d'inutiles exclusions.

Je n'ai rien indiqué dans le projet que je présente, sur la rémunération des membres de l'Assemblée, sur les incompatibilités de fonctions, et autres détails qui seraient réglés par chaque Assemblée.

Je dois dire cependant que le principe de la rémunération me paraît équitable et avantageux, que je le compléterais même par une pension de retraite pour les anciens représentants *pauvres*, et pour leur famille ; tout ce qui tend en effet à rendre la position d'un représentant honorable et assurée, ne peut qu'augmenter la considération et l'autorité de l'Assemblée elle-même.

Les idées ci-dessus sont résumées dans le projet suivant de constitution de la société française ; nous avons cru devoir abandonner ces vieilles appellations de royauté, empire, république, qui sont plus ou moins usées et ne servent qu'à nous diviser, et les remplacer par le simple mot *société*.

CONSTITUTION DE LA SOCIÉTÉ FRANÇAISE.

1. Toute société libre se constitue par l'élection annuelle d'un conseil de gestion au moyen de votes *libres, compétents, éclairés, réfléchis* et *tous toûjours représentés.*

2. Toute élection de conseil demande l'unité de collége électoral, l'unité de candidat sur les bulletins et un double scrutin successif, le premier éclairant le second.

3. Tout citoyen majeur, membre de la société française, est électeur primaire et émet autant de bulletins qu'il représente de personnes, chaque électeur représentant sa femme, ses enfants mineurs et pupilles et les parents absents, malades ou empêchés qui l'ont délégué.

4. Les élections communales annuelles commencent chaque 1er mai.

5. Chaque électeur, ayant reçu sa carte et la liste des conseillers sortants, remet dans sa section communale les bulletins de vote auxquels il a droit ; chaque bulletin doit porter un seul candidat bien désigné.

6. Le dépouillement de ce scrutin, centralisé au chef-lieu, sert à former la liste des conseillers communaux acceptant ce mandat ; chacun d'eux doit désigner, parmi ses collègues, un suppléant en cas d'absence.

7. La liste des conseillers et de leurs délégations est publiée et remise à chaque électeur invité à choisir sur cette liste, dans un second scrutin, son représentant définitif dans le conseil communal jusqu'à l'année suivante.

8. La voix de chaque conseiller compte dans les votes du conseil pour le nombre de suffrages qui l'ont choisi dans le second scrutin, augmenté, quand il représente un collègue absent, du nombre de suffrages donné à cet absent. — Tous les électeurs sont ainsi toujours représentés.

9. Un conseil, pour se résumer dans un chef, vote à partir du membre ayant le moins de voix ; chacun doit déléguer ses voix à un membre au-dessus de lui, auquel elles sont de suite comptées pour le classer en conséquence, jusqu'à ce qu'il ne reste que deux membres, le premier chef, et le second son suppléant, qui représentent ainsi toute la société.

10. Les conseils départementaux sont nommés par deux scrutins ; dans le premier, sont électeurs les conseillers communaux du département, chacun pour le nombre d'électeurs primaires qu'il représente.—Dans le deuxième, après publication de la liste des conseillers départementaux et de leurs délégations en cas d'absence, les électeurs primaires sont appelés à choisir dans cette liste leurs représentants au département jusqu'à l'an suivant ; chaque conseiller départemental a, dans les votes du conseil, un nombre de voix égal au nombre de suffrages qui lui ont été donnés à ce second scrutin.

11. Le conseil national est aussi nommé par deux scrutins secrets ; un premier où votent les conseillers départementaux, chacun pour le nombre d'électeurs qu'il représente, et un second, après la publication de la liste des deputés et de leurs délégations en cas d'absence, où les électeurs primaires sont appelés à déterminer par leurs choix le nombre de voix qu'aura chaque député.

12. Le conseil national nomme un conseil exécutif qui élit un chef et un suppléant.

13. Le chef national nomme les préfets, qui nomment les maires.

14. Chacun administre avec le concours de son conseil.

15. Tout conflit est vidé par recours au degré supérieur.

16. Chefs et conseillers sont toujours rééligibles.

Voici les motifs des dispositions de cette constitution conçue en dehors de tout esprit de parti et devant concilier toutes les opinions :

Elle réalise le suffrage universel, et le rend aussi conservateur que progressif, en l'établissant sur la large base de la famille, dont l'existence politique est enfin reconnue et consacrée.

Dans le faux suffrage universel que nous avons eu jusqu'à présent, la famille étant complétement exclue, ce sont les célibataires qui dominent, étant aussi nombreux que les pères de famille, et bien plus jeunes, plus libres et plus actifs. Faut-il s'étonner, avec des gouvernements issus ainsi du célibat masculin, que la famille n'y trouve aucune garantie de la paix, de l'ordre, de la liberté nécessaires au bonheur du pays, et que la population ait presque cessé de croître ?

Avec le vrai suffrage universel, on verrait le citoyen, dans le cours de sa vie, d'abord représenté par son père, puis, devenu majeur, porter son suffrage au scrutin ; marié, en porter deux ; père de famille, en acquérir autant qu'il lui viendrait d'enfants à nourrir et à élever, arrivant ainsi dans sa pleine maturité à son maximum d'importance électorale ; il perdrait ensuite les suffrages de ses garçons devenant majeurs, de ses filles se mariant, finissant par n'avoir plus que deux voix ou même une, qu'il devrait déléguer à un parent, quand il serait malade ou infirme ; son importance électorale suivrait ainsi les variations naturelles de sa capacité et de son utilité sociale.

Le chef de famille qui porte plusieurs bulletins à l'urne électorale peut tenir tel compte qu'il juge convenable de la diversité d'opinions des membres de la famille qu'il représente, par la diversité des candidats inscrits sur ces bulletins ;

il a pu faire voter dans sa famille de vieux parents infirmes qui l'ont délégué, la mère de famille dont il apprécie le bon sens, et même de grands enfants ayant déjà l'âge de raison ; en laissant à l'électeur cette faculté légitime et naturelle, notre système contribue à la paix intérieure des familles comme à la paix politique des cités et des nations.

*
* *

Si nous proposons des élections annuelles, c'est pour assurer leur calme parfait, le pays n'ayant ainsi chaque année que de faibles modifications à opérer dans son gouvernement.

On est sûr d'éviter ainsi les révolutions brusques et violentes qu'amènent de trop grands et trop longs désaccords entre les nations et leurs gouvernements, et de ne laisser aucune chance à aucun désordre.

Il convient évidemment de remplacer chaque année les conseillers qui sont morts, démissionnaires, fatigués ou usés ; les conseillers conservés verraient le nombre des voix qu'ils représentent, varier naturellement suivant qu'ils seraient dans la phase ascendante ou descendante de leur aptitude politique. Ceux qui seraient dans la phase décidément descendante, seraient ainsi avertis qu'ils leur convient de ne pas trop tarder à se reposer de fonctions auxquelles ils deviennent moins aptes.

*
* *

Si nous demandons que tout bulletin ne porte qu'un candidat, c'est parce que toute élection doit être un choix bien net, bien simple, bien déterminé.

Que tout bulletin, écrit, lithographié ou imprimé désigne suffisamment la personne choisie, et voilà tout ce qu'on doit demander à un bulletin de vote.

Si nous demandons deux scrutins pour chaque élection, c'est d'abord pour que le premier soit complétement libre, chaque électeur pouvant faire son choix en toute liberté, sans se préoccuper du nombre de voix qu'aura son candidat, sachant qu'on aura à revoter définitivement; ensuite, pour que le second scrutin définitif soit *bien éclairé, bien réfléchi*, chaque électeur connaissant alors l'avis de tous les autres électeurs et celui bien important de tous les élus les uns sur les autres; enfin, pour que toutes les voix puissent être représentées et comptées bien sûrement, les électeurs dont les candidats n'auraient pas été nommés, pouvant choisir leur représentant parmi les élus.

Toute élection donne ainsi une représentation aussi complète et fidèle du pays à représenter, qu'un bon daguerréotype donne des portraits exacts et ressemblants. De mauvais procédés électoraux ne peuvent donner que des représentations infidèles, comme de mauvais objectifs ne donnent que de grimaçantes caricatures.

Si nous proposons pour électeurs au premier scrutin des conseils généraux, les conseillers communaux, et pour électeurs au premier scrutin du conseil national, les conseillers départementaux, c'est pour assurer la compétence des votes, et ne faire voter les électeurs primaires que sur des candidats qui leur soient connus et présentés par le choix de ceux qu'ils en ont chargés, et cela par des procédés faciles et naturels, sans aucun trouble, pression ou désordre possible.

En revenant aux électeurs primaires pour leur faire choisir directement leurs représentants parmi les conseillers généraux nommés par les conseillers communaux et parmi les conseillers nationaux nommés par les conseils départementaux, nous conservons les avantages du vote direct, mais après l'avoir bien éclairé et rendu suffisamment compétent.

L'application de notre système donnerait une série bien complète d'assemblées représentant fidèlement toutes les parties du pays et le pays entier ; ces assemblées seraient parfaitement liées entre elles, étant engendrées les unes des autres.

*
* *

Ce système naturel se suffit à lui-même ; il réalise la liberté électorale indépendamment de toute autre ; et tout en faisant grand cas des libertés de presse, de réunion, d'association, nous croyons utile d'en affranchir la liberté d'élection, qui n'a que des avantages pour tous, par la lumière calme qu'elle produit dans tout le pays ; cette liberté doit être la base de toutes les autres, étant nécessaire par elle-même et ne pouvant être suppléée par les autres, qui ne font que l'opprimer tant qu'elle n'a pas son organisation propre.

Avec ce système, plus de candidatures préalables ; c'est le premier scrutin qui crée les candidats, comme cela doit être, un candidat devant être choisi et non pas se choisir et se présenter lui-même.

Les élections ne produiraient plus de luttes locales irritantes et prendraient leur véritable caractère du travail intellectuel et réfléchi de la nation, faisant surgir de son sein une exacte représentation de tous ses sentiments, opinions et intérêts.

On ne verrait plus ces mêlées confuses d'intrigues de toute nature, ces coalitions monstrueuses et immmorales des opinions extrêmes les plus opposées, contre une majorité intermédiaire, ne leur laissant que ce honteux moyen de pénétrer dans l'enceinte de la représentation; on ne verrait pas davantage les minorités s'éloigner d'un scrutin dérisoire pour elles, en cherchant un prétexte d'abstention; tout électeur pouvant se faire représenter exactement, on n'en verrait aucun déserter le scrutin.

Il ne serait plus possible à un parti, à un intérêt quelconque de tromper le pays et de se faire illusion sur sa véritable importance; notre procédé ayant une exactitude de daguerréotype, les mesurerait à leur juste valeur, et on pourrait l'appeler un véritable pèse-opinion.

Les assemblées produites par ce système seraient bien différentes de toutes celles que nous avons vues; la politique y serait ramenée à sa véritable importance; comme elles comprendraient toutes les nuances d'opinions et d'intérêts divers qui existent dans le pays et dans les proportions où elles s'y trouvent, elles formeraient un tout homogène et vivant, dont toutes les parties, dans des proportions convenables, seraient fortement liées; elles réaliseraient l'unité harmonique du pays comme on voit la lumière solaire formée par la réunion de toutes les nuances infiniment variées des diverses couleurs qui la composent; aussi auraient-elles sur le pays une autorité certaine et acceptée de tous.

*
* *

Si nous demandons que le conseil national charge chaque année du gouvernement un chef national nommant les préfets qui nomment les maires, c'est parce que, pour bien agir, administrer, gouverner dans de bonnes conditions de vigueur intelligente et utile, il faut l'autorité et la responsabilité d'un seul. L'expérience l'a toujours prouvé, la force des choses y a toujours conduit; mais les actes de tout chef doivent toujours être communiqués au conseil de sa circonscription, qui les légitime et les sanctionne par son assentiment tacite ou formel suivant leur importance.

Tout conflit est naturellement vidé par un accord supérieur ou par le changement du chef qui ne peut s'accorder avec son conseil.

Nous devons remarquer combien les choix sont facilités par la vive lumière des doubles scrutins successifs qui classent naturellemeut tous les citoyens du pays suivant les degrés de confiance et de sympathie qu'ils inspirent, en laissant de côté les ambitieux, intrigants et incapables, trop favorisés par les vicieux procédés électoraux employés jusqu'à ce jour.

Ainsi se trouve formée la série descendante des hommes d'action et d'administration, correspondant à la série ascendante des conseils, aussi fortement liée et organisée, image du double mouvement de la sève ascendante et descendante dans la vie végétale, ou du double mouvement de circulation sanguine ou nerveuse dans la vie animale.

Ce procédé est facile à employer même dans les temps les plus agités, parce qu'il est complet de lui-même; il n'a besoin d'aucun préparatif, d'aucune entente préalable, et ne crée ni lutte, ni haine, ni division. Il sauverait un pays dans la situation la plus critique, en l'organisant promptement de la manière la plus puissante, par le classement vrai et naturel de tous les citoyens. Il mettrait immédiatement en lumière tous les chefs et administrateurs de tout ordre, les plus intègres et les plus capables.

Ce procédé ne donne lieu à aucune fraude; les hommes d'argent ne sont plus maîtres des élections; il n'est plus possible d'acheter des suffrages dont les électeurs (même quand ils le voudraient), ne peuvent aliéner la liberté.

*
* *

Enfin, si nous demandons que chefs et conseillers soient indéfiniment rééligibles, c'est parce que rien ne doit gêner la libre volonté d'un pays pour se gouverner constamment à sa guise.

Si un pays désire être gouverné par une famille, il satisfait ce désir, tant qu'il l'éprouve, en renommant chaque année le chef de cette famille, et il n'en change que lorsqu'il le désire, sans qu'alors rien puisse s'y opposer, et cela sans trouble et sans révolution.

Cette constitution, la plus libre et la plus républicaine qui se puisse imaginer, se prêterait ainsi aux sentiments les plus monarchiques possibles d'un pays quelconque, tant que ce pays les conserverait, et lui permettrait, quand il en serait fatigué, de changer de chefs aussi souvent qu'il le désirerait.

C'est l'organisation la plus assurée de la liberté la plus entière et de l'ordre le plus parfait s'affirmant chaque année de la façon la plus complète.

Les pays libres qui adopteraient successivement cette libre constitution n'auraient aucun besoin d'armée permanente pour assurer l'ordre intérieur qui ne serait jamais menacé; il leur suffirait d'organiser leur défense bien assurée contre les agressions possibles de nations qui gémiraient encore sous le poids de despotes oppresseurs.

Ces pays libres seraient conduits à faire nommer par leurs

conseils nationaux un conseil supérieur jugeant leurs conflits internationaux et réunissant leurs forces contre les tentatives d'oppression venant de peuples opprimés.

Les jugements de ce conseil supérieur seraient exécutés par une force internationale, fournie par les pays libres ainsi associés, suivant leurs ressources, et les frais d'exécution seraient remboursés par la nation qui l'aurait rendue nécessaire.

Cette constitution naturelle des peuples libres sera un jour adoptée par tous les peuples civilisés et permettra de fonder la confédération des États-Unis d'Europe, chacun de ces peuples pouvant se gouverner ainsi suivant ses idées particulières, librement manifestées dans ses élections annuelles.

*
* *

Si on a bien compris ce qui précède, malgré la double difficulté de la nouveauté des idées et de leur exposition obscure et diffuse, on doit voir clairement que par le nouveau procédé, les élections changeraient complétement de nature.

La loi réalise la liberté complète de l'électeur en l'éclairant, et lui garantit la représentation de son vote : elle obtient ainsi une Assemblée qui est l'image fidèle et complète du pays.

Les élections sont aujourd'hui exclusivement politiques, les autres intérêts n'étant que fortuitement représentés ; il n'en serait plus ainsi : tous les intérêts pouvant se faire représenter, la politique serait enfin ramenée dans les élections à sa véritable importance.

Les Assemblées ainsi formées étant, sans contestation

possible, l'image fidèle du pays, auraient une immense autorité excluant toute possibilité de lutte violente et de guerre civile; elles pourraient se passer de ces Constitutions qui ne font qu'embarrasser la marche des Nations, et organiser le pouvoir exécutif et le Gouvernement comme elles l'entendraient, constamment libres de le modifier, quand il le faudrait, avec une autorité à laquelle personne ne pourrait songer à résister; c'est ainsi qu'elles pourraient confier le pouvoir exécutif et un pouvoir réglementaire plus ou moins étendu, à une seule ou plusieurs personnes, à une famille même, avec quel titre que ce fût, et le laisser dans leurs mains autant ou aussi peu de temps que le pays le voudrait, parce qu'elles réaliseraient dans toutes leurs décisions la volonté du pays, dont elles seraient elles-mêmes l'exacte expression, ainsi que la forme de Gouvernement qu'elles adopteraient.

On réaliserait la vraie monarchie légitime, s'il est vrai que la France soit un pays d'unité, une nation monarchique, et que sa grandeur, sa prospérité demandent la monarchie, la vraie monarchie.

Or, la vraie monarchie, c'est le pouvoir exercé par un seul, par le chef légitime auquel la nation décerne et maintient le droit de la guider, parce qu'elle le juge le plus capable et le plus digne, tant qu'il conserve ces qualités nécessaires du commandement.

La monarchie, ce ne sont pas les hasards de la naissance qui peuvent la faire. Ces hasards donnent souvent des minorités anarchiques, des gouvernements de favoris, de maîtresses, d'intrigants, de rois faibles, imbéciles, fainéants, tyrans tyrannisés, despotes abrutis, des intrigues de cour, des guerres civiles, féodales ou religieuses, conduisant les peuples au dernier degré de misère et de malheur. Quelques rares et brillantes exceptions dans la jeunesse des rois et des dynasties, tant que le choix qui les a créés n'est pas pas trop éloigné, ne font que confirmer ces vérités logiques.

S'il faut un chef, un seul chef, ce doit être un chef légitime, voulu par la nation. Le moyen sûr que nous indiquons à la nation de donner toujours le pouvoir à ce chef légitime, et de trouver le plus capable et le plus digne, telle est la seule base d'un gouvernement fort, le seul moyen d'assurer le bonheur de ce pays.

C'est là que nous devons trouver notre vraie revanche des cruels désastres où nous ont conduits tous nos malheureux essais de royauté et d'empire héréditaires. Tous les chefs que s'est donnés le pays lui ont procuré d'abord quelques années de prospérité, tant que leur pouvoir, acclamé par la nation, était légitime, pour nous conduire ensuite par les prétentions héréditaires aux plus sombres catastrophes.

Que la nation ait toujours le chef le plus digne et le plus capable; qu'elle le maintienne tant qu'il remplit ces conditions; qu'elle le remplace avec honneur, lorsqu'il est usé et fatigué du pouvoir, par le plus apte à le remplacer et la nation sera toujours forte et prospère; plus heureuse que ses voisines, elle exercera sur elles, par l'attraction de son bonheur, le vrai droit légitime de conquête, en attirant à elle leurs membres les plus utiles et les plus laborieux, cherchant le libre exercice de leurs facultés et de leur travail fécond; — de bonnes lois de naturalisation ouvrant les bras de la nation à tout homme honnête et laborieux digne d'en faire partie, avec de bonnes lois pénales exilant et dénationalisant les indignes, auraient bientôt constitué une nation supérieure digne de marcher à la tête de l'humanité.

⋆
⋆ ⋆

Voilà plus de trente ans que nous cherchons à propager ces vérités, qui nous paraissent si simples, si impossibles à méconnaître; les faibles succès de cette propagation personnelle ne nous permettent pas de grandes illusions sur l'effet de cette publication; cependant, tous les bons esprits observateurs ont reconnu avec nous que la principale cause de tous nos désordres et de tous nos malheurs était l'absence d'une bonne loi électorale. Tous ceux auxquels nous avons pu exposer nos idées, en ont reconnu la parfaite vérité et la grande importance. Mais nous n'avons pu en passionner aucun jusqu'à obtenir qu'il suppléât à notre insuffisance pour faire pénétrer ces idées dans l'opinion publique, et nous nous voyons toujours réduit à les exposer nous-même.

Nous jugeons ce devoir plus strict que jamais, au moment où notre cher pays se trouve dans une position aussi critique par l'absence d'une organisation régulière. S'il pouvait adopter la réforme que je lui propose, j'ai l'intime conviction qu'il assurerait son salut et sa prospérité; c'est dire avec quelle douleur profonde je reconnais ma malheureuse impuissance à le convaincre, et combien je désire ardemment pouvoir susciter les puissants esprits qui ont reçu le don de l'entraînante persuasion, pour les voir devenir les sauveurs du pays.

⋆
⋆ ⋆

Si je ne puis certes espérer l'application immédiate de ce procédé, ne puis-je en demander l'essai ? Tout nouveau procédé bien fondé en théorie, ne doit-il pas être soumis à des essais démontrant par les faits ses avantages avant d'être appliqué ?

A coup sûr il ne manque pas en France de communes complétement divisées et désorganisées par nos procédés électoraux actuels ; ne pourrait-on pas permettre à une de ces communes l'essai d'un procédé rationnel pour le juger à l'œuvre et d'après ses résultats ? Parmi les sociétés libres, les associations industrielles, les cercles plus ou moins mécontents de leur administration, ne pourrait-il s'en trouver disposés à cet essai ? (1)

Qu'il me soit permis de faire appel au petit nombre d'hommes intelligents et de bonne volonté qui auront pris la peine de lire cet exposé, bien imparfait sans doute, d'un procédé bien rationnel, pour les prier de profiter des occasions qu'ils auraient de l'essayer, et de vouloir bien m'en faire connaître les résultats.

---

(1) Les Commissions chargées par les Assemblées de l'examen et de la préparation des projets de loi, ne représentent pas exactement l'Assemblée qui les nomme, par suite du mode vicieux de leur formation actuelle.

L'Assemblée se divisant en bureaux tirés au sort, chaque bureau nomme, à la majorité absolue, un ou plusieurs Commissaires ; c'est un système d'élection analogue au système d'élection de l'Assemblée elle-même par le pays divisé en circonscriptions électorales.

Avec ce système d'élection, il suffit qu'une opinion soit en majorité dans tous les bureaux pour composer exclusivement chaque Commission ; il arrive alors, par la force des choses, que la discussion n'a plus lieu au sein de ces Commissions au point de vue de l'intérêt général, mais au point de vue exclusif de la seule opinion qui y est représentée. Les projets de loi qui sortent de ces Commissions sont plus absolus, moins bien préparés, parce que les éléments utiles de la discussion ont manqué ; ils ne peuvent toujours soutenir l'épreuve de la discussion publique, et il arrive souvent à l'Assemblée de renverser ou de bouleverser l'œuvre de ses Commissions. C'est une image de ce qui a lieu par suite des mêmes causes pour le travail des Assemblées sorties des circonscriptions électorales, lorsqu'il est soumis au jugement du pays qui les a nommées.

Ces Commissions, pour représenter exactement l'Assemblée, devraient être nommées de la manière suivante : après la discussion dans les bureaux, il serait ouvert un scrutin général pour la nomination des Com-

Je ne puis espérer l'adoption de la solution rationnelle que je propose, dans toute son étendue ; trop de préjugés, une trop puissante routine, s'opposent à des idées nouvelles comme l'unité de collége, le double scrutin successif, l'attribution à chaque élu du nombre de suffrages obtenu dans un second tour de scrutin bien éclairé par un premier.

Je crois donc devoir indiquer les palliatifs qui atténueraient les inconvénients de la circonscription électorale qui sera plus ou moins conservée sans doute.

Si on veut des élections approchant un peu de la vérité, que chaque circonscription ait plusieurs représentants à nommer ; mais que chaque votant ne porte qu'un candidat, ou qu'on n'impose pas sur les scrutins de liste l'inscription de noms différents ; la simple tolérance de la répétition des noms, qui n'est proscrite que par l'usage et non par des textes de lois formels, serait un immense progrès.

Si on ne peut adopter la juste attribution à chaque élu

---

missaires, où chaque membre de l'Assemblée déposerait un bulletin portant un seul nom.

Ce scrutin étant dépouillé, le nombre fixé de Commissaires serait pris en tête de la liste, et pour retrouver les voix perdues en dehors de ces Commissaires, il serait ouvert un nouveau scrutin où ne seraient comptés que les bulletins portant le nom d'un des Commissaires. La Commission serait alors formée de tous ces Commissaires, chacun ayant, dans les votes de leur réunion, un nombre de voix égal à celui qu'il aurait obtenu dans le second scrutin.

Les Commissions ainsi formées seraient évidemment une réduction exacte et complète de l'Assemblée, chaque membre de cette Assemblée y étant représenté, et sa voix étant comptée dans le vote du Commissaire auquel il l'aurait donnée ; le travail de ces Commissions, mieux préparé, serait généralement sanctionné par l'Assemblée. Les minorités ne seraient plus mises, pour ainsi dire, à la porte des Commissions, et réduites à attendre leurs projets dans la discussion en Assemblée générale ; elles pourraient concourir, comme la majorité, à l'utile préparation des lois, et elles en deviendraient plus laborieuses et moins turbulentes.

du nombre de voix qui l'ont nommé, qu'on fasse au moins deux scrutins, le premier préparatoire éclairant l'élection et déterminant les candidats en nombre double, par exemple, du nombre d'élus à nommer.

Ces palliatifs ne donneraient pas une solution complètement bonne et absolue, mais ils en feraient approcher. Les électeurs recouvreraient un peu de liberté; ils ne seraient pas entièrement livrés aux intrigants; ils exerceraient un certain choix, et les minorités obtiendraient satisfaction dans une certaine mesure.

* * *

Nous avons montré, je crois, que le système proposé était meilleur que les systèmes connus ; mais nous sommes bien loin de le donner comme parfait; il n'y a rien de parfait dans ce monde, rien qui n'ait des inconvénients en même temps que des avantages ; ce ne serait donc pas condamner notre système que de lui trouver des inconvénients. — La seule critique juste et utile serait d'indiquer un système meilleur, que nous serions heureux d'adopter.

La critique la plus juste et la mieux fondée, hélas ! qui nous ait été faite par un homme très-pratique est celle-ci :

« Votre système est vrai, juste et simple, et il n'y a
« rien à lui objecter, sinon qu'il serait trop honnête
« et trop efficace, pour avoir la moindre chance d'ê-
« tre adopté, et même examiné et discuté. Que pour-
« raient faire avec un pareil système les hommes de parti
« qui nous mènent tour à tour, tous ces hommes plus ou
« moins habiles qui exploitent notre impuissance. Tous
« seront d'accord pour déclarer vos idées inouïes, extrava-

« gantes et ne pas les laisser même approcher de l'examen ;
« les uns diront que vous voudriez ramener la monarchie ;
« d'autres, éterniser l'anarchie ; enfin vous ne pouvez
« attendre de tous ceux qui exercent une influence
« quelconque menacée par un système aussi sûr et aussi
« rationnel, que de froides railleries ou un silence dé-
« daigneux. »

Cet homme pratique n'avait que trop raison, comme
nous en convenions bien d'ailleurs.

*
* *

C'est en 1851 que nous avons, pour la première fois,
formulé notre système (élaboré depuis longtemps), sur la
demande de M. Emile de Girardin, qui avait mis au concours dans la presse, l'invention d'un système électoral
exact. Cet habile publiciste reconnut l'exactitude de notre
système et nous promit de le vulgariser ; les circonstances
ne lui ont sans doute pas permis de le faire complètement ; nous devons dire, toutefois, que s'il ne l'a jamais
exposé dans son ensemble, il n'a jamais émis que des idées
justes qui en faisaient partie, comme l'unité du collége et
le bulletin uni-nominal.

Dans notre travail de 1851, nous avions conservé pour
l'Assemblée nationale l'égalité de tous ses membres, chacun
représentant 100,000 voix, en faisant reporter entr'eux,
pour l'exacte représentation des votes émis, les excédants
ou les nombres insuffisants de suffrages. Nous avons
ensuite abandonné ce système pour le système de la
représentation par chaque membre de conseil du nombre
de voix qu'il obtient dans un second tour de scrutin bien
éclairé et bien réfléchi. Sommes-nous assez avancés pour
abandonner ce vieux préjugé d'une égalité fausse et ab-

surde, et le remplacer par une vérité exacte et pratique ? j'avoue que je l'ignore.

Mon système de 1851 paraît avoir été adopté par l'auteur d'une brochure parue récemment, M. Henri Lasserre, sur la réforme du suffrage universel, dont divers journaux ont parlé, entr'autres le *Pays*, du 27 octobre 1873.

Nous avions indiqué, d'ailleurs, dans ce premier travail, le germe des systèmes plus simples et plus complets que nous avons proposés depuis.

En 1860, nous avons fait une seconde fois l'exposition de notre système électoral, en y ajoutant l'organisation du gouvernement, qui n'était pas exposée dans notre premier travail.

Nous avons adopté dans cette étude, le système le plus compétent d'élections à quatre degrés, communal, cantonal, départemental et national, remplaçant la circonscription de l'arrondissement par celle du canton, qui s'engrène mieux dans la série; nous avons depuis supprimé l'une et l'autre, comme simplification possible dans l'exposé de nos idées.

En 1864, M. Emile Augier publia une brochure sur la question électorale, où, sans connaître nos études, il se rencontrait avec nous, en demandant pour assurer la compétence électorale, que les conseils municipaux élus sent les conseils cantonaux, ceux-ci les conseils généraux, et ceux-ci enfin, le Corps législatif. Je fis connaître mon système à M. Emile Augier, qui en admit l'exactitude et me fit espérer qu'il le produirait peut-être un jour. Je le désirerais vivement, ces idées me paraissant dignes du talent de cet éminent écrivain.

En 1866, la découverte d'une étoile (la variable de la couronne) m'ayant procuré une audience de l'Empereur,

j'en profitai pour me faire auprès de lui l'avocat politique
de la famille, et lui demander que tout électeur émît autant
de bulletins qu'il représentait légalement de personnes, afin
de réaliser le vrai suffrage universel familial et profondé-
ment conservateur. L'Empereur déclara que ces idées
étaient les siennes, mais qu'il avait trouvé le suffrage
universel organisé et qu'il était difficile d'y toucher.

J'insistai encore auprès de lui l'année suivante, en lui
soumettant, en outre, un système de *crédit à la terre,* une
réforme des impôts, et un projet d'armée nationale vigoureusement défensive. Hélas! au lieu de réaliser ces grandes
réformes qui eussent assuré le bonheur du pays, il s'est
laissé aller à cette guerre maudite où il a sombré, et dont
notre pauvre France n'est sortie que sanglante et mutilée.
Puissions-nous profiter de ces cruelles leçons.

En 1867, j'ai demandé, dans une pétition au Sénat, l'introduction de la famille dans le suffrage universel;
cette pétition a obtenu l'ordre du jour sur un rapport
insignifiant de M. Leroy de Saint-Arnaut, du 12 fé-
vrier 1868.

Pendant l'année de cruel cauchemar qui nous a tous
oppressés et désolés, je n'ai cessé, comme celui qui criait
dans le désert, de réclamer en vain de promptes élections,
avec un système rationnel, dans l'intérêt de la défense nationale et d'une paix nécessaire.

Je demandais des élections libres, sincères, sans caractère politique, se prêtant à l'état du pays, ne lui prenant
ni temps, ni effort, ne créant aucun embarras, et assurant
l'unité de la nation si cruellement éprouvée.

Je proposais un bon procédé électoral donnant des votes
libres, bien éclairés, tous comptés, basé sur l'unité de collége, l'unité de candidat et un double scrutin.

L'unité de collége était nécessaire pour n'avoir de représentants ni du Nord, ni du Midi, ni de l'Est, ni de l'Ouest, mais de la France une et indivisible.

L'unité de candidat était une condition évidente de la sincérité et de la simplicité des élections, chaque électeur ayant droit à voir sa voix comptée par le vote du représentant de son choix.

Le double scrutin était nécessaire pour éclairer les électeurs, sans réunions préparatoires, sans présentation de candidats, professions de foi, circulaires, sans troubles et sans intrigues.

Je montrais combien la pratique de ce système serait simple et facile, et donnerait promptement une représentation sûre du pays formée d'une assemblée de 400 députés, par exemple, constituée dès le premier scrutin.

Le second scrutin devait rester indéfiniment ouvert pour les électeurs absents, soldats, marins, colons, prisonniers, citoyens des parties du pays occupées par l'ennemi, les suffrages retardataires devant être simplement ajoutés au fur et à mesure de leur arrivée à ceux déjà représentés par chaque député.

Ces élections auraient subitement reconstitué le pays sous l'étreinte et sans l'intervention de l'ennemi, et eussent permis de mieux conduire notre défense nationale, énergiquement combinée avec l'offre constante d'une juste paix réglée par un arbitrage impartial.

Hélas ! je ne fus pas plus heureux avec le Gouvernement de la défense nationale qu'avec celui de l'Empereur.

*
* *

J'ai eu plus tard l'occasion de consulter M. Gambetta sur ce système électoral ; en homme de parti d'une intelli-

gence remarquable, M. Gambetta me déclara que ce système ne lui convenait pas du tout, que ces élections ne
seraient pas politiques et tueraient les partis. J'admirai sa
prompte et juste clairvoyance, et lui dis que ce serait en
effet un des meilleurs résultats de mon système, de ré-
duire les partis à leur véritable importance ; que les partis
réunis ne faisant pas le septième du pays, il était juste que
les autres six septièmes, aujourd'hui annihilés, pussent
enfin réclamer et obtenir la paix et la tranquilité nécessaires
à leur paisible travail.

M. Gambetta me dit que pour lui, un pays était d'autant
plus puissant que ses partis étaient plus forts et mieux
organisés ; que c'était en eux que résidait la vie nationale ;
qu'il était juste que la masse sans, idées et sans opinions
ne comptât pas, étant nulle par elle-même, et ne pouvant
compter que par son choix entre les partis vivants qui
sollicitaient son adhésion.

Je constatai alors notre divergence radicale, ma devise
étant : *arrière les partis, en avant le pays.* Je lui dis que
cette masse en dehors des partis dont il condamnait l'i-
nertie politique, était la portion la plus laborieuse et la plus
réellement utile de la nation, et que la vraie liberté ne
serait assurée que le jour où elle pourrait, enfin, produire
et réaliser ses légitimes aspirations. Je le priai, ensuite, de
me donner son opinion sur les projets de réformes que
j'avais soumis cinq ans auparavant à l'Empereur, ne voulant
négliger aucune occasion d'éclairer ces grands problèmes
sociaux ; mais il serait trop long de rapporter ici cet entretien, quelque intéressant qu'il m'ait paru.

* *

Les diverses idées exposées dans cet opuscule n'ont pas

laissé, d'ailleurs, que de faire un certain chemin dans les esprits, plus même peut-être que je ne l'espérais avec mes faibles moyens de les propager.

J'ai pu constater avec satisfaction que les germes que je n'ai perdu aucune occasion de répandre et de semer de tous côtés, commencent à se montrer sur divers points, reproduits par des personnes de toutes opinions.

J'ai vu avec plaisir M. le comte de Douhet proposer à l'Assemblée nationale la représentation de la famille, puis une commission de loi électorale adopter pendant quelque temps l'attribution d'un double vote aux pères de famille. Enfin, de tous côtés des journaux d'opinions diverses proposent ou discutent un grand nombre d'idées, qui sont des reproductions partielles de celles que nous venons d'exposer.

Plusieurs nous ont même cité, entr'autres l'*Opinion nationale*, nos des 3, 4 et 5 janvier 1874, dans un bienveillant exposé de notre projet de loi électorale.

Tout cela nous fait penser que le moment est venu de faire un nouvel effort de diffusion de nos idées, et nous a décidé à mettre en vente notre nouvelle brochure sans aucune illusion sur ses chances de succès, et sans aucune intention d'un bénéfice quelconque. Mais nous avons reconnu que les exemplaires de nos premières éditions, que nous étions heureux de donner à toute occasion, étaient rarement lus.

Si peu qu'il y ait d'exemplaires de celle-ci achetés par de rares chercheurs d'idées neuves, nous pouvons espérer que ceux-là au moins seront lus.

Nous avons été, pour répandre nos idées, jusqu'à les résumer sur une carte de visite; mais naturellement elles n'en sont pas beaucoup plus claires et sont difficilement comprises sans des explications orales dont elles nous donnent, il est vrai, de plus fréquentes occasions.

Nous allons terminer par un rapide exposé de trois de nos idées de réformes sur le crédit à la terre, les impôts, et la constitution de l'armée, soumises à l'Empereur et à divers hommes d'État et publicistes avec des succès variés.

CRÉDIT A LA TERRE

L'agriculture, la première de nos industries, base de toutes les autres, en est malheureusement la plus arriérée.

Il n'est pas de meilleur moyen d'assurer la richesse, la puissance, le bonheur d'un peuple que de faire prospérer son agriculture.

Quel est le but de l'agriculture, le premier et le plus grand intérêt du pays? C'est la mise en parfait état de culture de tout le sol national. Les moyens d'atteindre ce but doivent être la première et la principale préoccupation de tous ceux qui ont à cœur la prospérité du pays.

Si tout hectare, toute parcelle du sol avait pour propriétaire un homme parfaitement intelligent, instruit, actif, bien portant, possédant des capitaux suffisants, pouvant disposer du travail nécessaire, et ayant les goûts, les connaissances et l'expérience agricoles, ce propriétaire pourrait à coup sûr faire beaucoup pour mettre sa parcelle de sol

en bon état de culture ; il serait toutefois généralement
impuissant, *seul*, pour assurer à sa propriété le meilleur
service des eaux et de l'atmosphère, et pour la protéger
contre l'invasion des plantes et animaux parasites que produirait une mauvaise culture des propriétés environnantes ;
de sorte que ce propriétaire idéal, ayant toutes les qualités
utiles à la culture de sa propriété, sentirait encore son
impuissance et la nécessité de l'association pour la mettre
en parfait état. Il ressentirait encore ce besoin dans tous
les cas de sinistres dépassant ses forces. Enfin, ce propriétaire modèle, comme il n'y en a certes pas beaucoup,
n'aurait aucun moyen d'assurer à sa propriété bien aimée la
continuation de cet état de choses, et de la garantir après
lui contre une rechute dans les mains de propriétaires incapables, ignorants, indolents ou gênés.

La culture du sol par l'association remplissant *toujours*
ces conditions nécessaires de capacité, d'activité, et de ressources suffisantes, telle est évidemment la solution radicale
et parfaite du problème agricole ; cette culture du sol par
l'association n'implique nullement la communauté des
biens et de la vie domestique, et elle doit respecter complétement les principes sacrés de la propriété, de la famille et de la liberté individuelle.

Mais quand les hommes auront-ils assez progressé pour
reconnaître et appliquer ces incontestables vérités ? par
quels moyens y arriveront-ils ? Il serait difficile de le dire.
La découverte et l'étude des grandes vérités théoriques
précèdent en général de bien longtemps leur application
générale et pratique, et les questions de voies et moyens
et de temps sont les plus difficiles et les dernières à
résoudre ; les siècles seuls y parviennent par leur long
travail accumulé.

Ce n'en est pas moins un devoir, pour tout homme connaissant ces vérités, de travailler à leur diffusion et à leur avènement, dans la mesure de ses forces.

Nous étudions, depuis longtemps, avec quelques amis, ce grand problème de l'introduction de l'association dans l'agriculture et nous avons consigné les résultats de nos études dans une petite brochure à la disposition de tous ceux qui me la demanderont; arriverons-nous, nous ou même nos enfants, à pouvoir faire quelque essai de ces idées pourtant bien simples? C'est ce que je ne sais pas, mais nous ferons au moins tous les efforts dont nous sommes capables pour en approcher.

Ainsi, je le répète, l'association libre, intelligente, intégrale, appliquant toutes ses forces à la parfaite culture du sol, telle est évidemment la solution radicale et complète de ce grand problème, et nous devons tous préparer cette grande solution de l'avenir; malheureusement elle ne peut guérir nos maux d'à présent, et nos études et nos efforts dans cette voie ne doivent pas nous empêcher de rechercher et d'appliquer les progrès possibles aujourd'hui. Prenant donc la société, l'agriculture, et les hommes tels qu'ils sont, nous devons nous demander ce qu'on peut faire pour améliorer le mieux et le plus promptement possible la culture du sol.

*
* *

Nous avons déjà reconnu que la première condition de bonne culture d'une propriété rurale reposait sur la capacité du propriétaire, comme intelligence, action et capital : faciliter la réalisation de cette condition est donc fort important; le principal moyen à employer serait la suppression de tout droit de vente et de mutation des propriétés immobilières, pour faciliter leur arrivée aux mains de ceux qui sauraient les rendre le plus productives possible. Un autre moyen, peut-être utile, serait de reconnaître au père de famille la faculté d'assurer après lui la durée et la bonne culture de sa propriété, en lui en laissant la libre attribution, à la condition de satisfaire à l'équitable répartition des revenus entre ses enfants, ce qu'apprécieraient les tribunaux en cas de contestation. Mais en supposant que nous employions les moyens les plus efficaces de mettre le sol dans les mains les plus capables de sa parfaite culture, nous resterons toujours bien loin de cette condition générale d'assurer à tout le sol la parfaite capacité de propriétaires ayant toutes les ressources nécessaires.

Acceptant donc comme un inconvénient forcé l'impuissance relative du propriétaire pour la mise en bon état de culture de sa propriété, nous devons chercher les moyens les plus prompts et les plus efficaces de venir à son aide.

Les besoins fondamentaux de l'agriculture sont : un bon aménagement des eaux drainant les terres humides, irrigant les arides, un bon système de chemins ruraux, une large distribution à chaque sol des amendements qui lui seraient nécessaires.

Quand le propriétaire, seul, ou s'entendant avec ses voisins, peut assurer ces conditions premières de toute bonne culture du sol, nous n'avons rien à faire qu'à applaudir et à admirer; mais ce n'est malheureusement pas le cas général; et quand la terre souffre dans les mains impuissantes de propriétaires gênés, comme cela n'arrive que trop souvent, l'État, si intéressé à sa bonne culture, doit-il se croiser les bras et refuser son aide toute puissante au propriétaire qui la réclamerait? Je ne le pense pas, et j'affirme nettement que l'Etat doit venir à son aide de toutes ses forces et, pour cela, organiser largement le *crédit à la terre*, bien distinct du crédit au propriétaire.

Oui, toute opération agricole foncière, de drainage, irrigation, chemins ruraux, amendements nécessaires, si elle est reconnue certainement *fructueuse*, c'est-à-dire rapportant en revenu net annuel plus du double (par exemple) de l'intérêt du capital dépensé, doit être faite le plus tôt possible, par le propriétaire quand il le peut; mais quand il ne le peut pas, et qu'il demande l'aide de l'Etat, c'est l'Etat qui doit la faire, *mais sans qu'il lui en coûte rien;* il doit seulement prêter à la terre son crédit et ses moyens d'exécution; la terre créditée doit rembourser intégralement le capital dépensé par une imposition spéciale prélevée sur ses produits augmentés.

Je dis que l'Etat doit faire ces travaux de fond, quand les propriétaires impuissants le lui demandent, parce que seul il réunit le crédit nécessaire, les hommes capables d'apprécier l'utilité de ces travaux et de les faire exécuter promptement, la puissance et la facilité d'assurer le remboursement. Seul, il peut exécuter ces travaux en grand, parce que, seul, il en a tous les moyens; seul, il peut les faire payer et rembouser, et cela facilement, avec les moyens qu'il tient de la nature des choses, des habitudes et du caractère de notre nation.

Mais pour que ces travaux puissent être demandés, jugés, exécutés promptement, il faut éviter toutes formalités, complications, et paperasseries inutiles.

Tout propriétaire remplissant quelques blancs sur des formules imprimées à sa disposition serait admis à demander telle opération agricole qu'il jugerait fructueuse, moyennant le remboursement de la dépense faite, par une imposition directe spéciale sur la terre améliorée, dont le taux maximum lui serait annoncé avant sa décision définitive.

Un ingénieur, aux connaissances agricoles spéciales, ayant l'habitude des opérations demandées, apprécierait promptement chaque demande particulière ; tout travail non assez fructueux serait refusé ou ajourné. Tout travail qu'il jugerait fructueux serait évalué comme dépense et comme produit probables. La demande et le rapport technique de l'ingénieur seraient transmis aux contributions directes dont un employé, spécialement compétent, déterminerait le supplément d'imposition probable à demander pour l'exécution des travaux et apprécierait si la terre améliorée devrait payer plus facilement l'impôt augmenté, qu'elle ne paye l'impôt actuel correspondant à son état de de stérilité relative. Si l'avis des contributions directes était favorable, le tout serait soumis au propriétaire qui aurait ainsi pour s'éclairer l'avis des agents compétents de l'Etat, et connaîtrait la dépense que l'Etat est prêt à faire pour sa terre, et le maximum de l'imposition supplémentaire dont elle serait frappée pour le remboursement de cette dépense.

Le propriétaire aurait alors à déclarer : 1° s'il persiste dans sa demande ; 2° s'il voudrait se charger de l'exécution du travail qui lui serait payé par l'Etat au fur et à mesure de cette exécution.

Si le propriétaire, tout en demandant l'exécution du travail, ne voulait pas s'en charger, ce travail serait exécuté par voie d'adjudication en général, ou exceptionnellement par voie de régie, sous la surveillance de l'ingénieur qui en liquiderait la dépense. Sur cette dépense serait établie l'imposition supplémentaire qui ne pourrait dépasser le maximum annoncé au propriétaire; cette imposition ne pourrait être perçue, d'ailleurs, que l'année qui suivrait l'achèvement du travail, où les récoltes commenceraient à profiter de ses effets.

La loi créant le crédit à la terre pourrait être formulée dans le seul article suivant :

« L'Etat est autorisé à exécuter toute opération agricole fructueuse, telle que : défrichements, desséchement, drainage, irrigation, chemins ruraux, amendements, etc., sur les terrains des particuliers ou communes qui le demanderont, à condition du remboursement intégral des intérêts et de l'amortissement du capital dépensé, par une imposition directe spéciale sur les terrains améliorés.

L'Etat, recevant d'une main, par un propriétaire heureux de garder une grande partie d'un bénéfice réalisé, ce qu'il donnerait de l'autre, au capitaliste satisfait d'un placement aussi sûr, qui aurait prêté les fonds nécessaires, n'aurait ainsi rien dépensé; il aurait seulement prêté ses hommes compétents aussi bien utilisés que possible, et son crédit fortifié par cette utile opération qui laisserait, après le prix des travaux complétement remboursé, la valeur de la propriété agricole imposable largement doublée.

Chaque milliard de nos épargnes ainsi dirigée par l'État vers les travaux agricoles, rappellerait par millions, dans nos campagnes, ces flots de travailleurs trop pressés dans nos villes.

Deux choses sont à remarquer dans cette idée du crédit à la terre. La première, c'est qu'il n'est fait aucun crédit au propriétaire personnellement, et que, par suite, sa position de famille et de fortune, n'a pas à être examinée, scrutée et établie. Le crédit n'est fait qu'à la terre elle-même, sous forme de travail pour la féconder, et c'est elle qui rembourse le prix de ce travail par une imposition directe spéciale ; on n'a pas non plus à s'occuper de la position hypothécaire de la terre, la situation des créanciers qui ont hypothèque sur elle ne pouvant qu'être améliorée par des travaux qui doivent augmenter sa valeur en capital et son revenu net après déduction de l'imposition supplémentaire.

La deuxième remarque à faire, c'est que la réalisation de l'idée proposée n'implique pas l'ouverture d'un emprunt d'un chiffre déterminé, mais la simple création d'une Caisse de crédit à la terre ou Caisse de dotation de l'agriculture. Cette caisse qui émettrait des rentes d'un chiffre fixe, comme 100 francs de rente 3 p. % recevrait, outre le montant des impositions supplémentaires spéciales pour les travaux qu'elle aurait payés, les fonds qui lui seraient apportés par les capitalistes qui goûteraient cette forme de placement ; elle paierait les travaux exécutés chaque année, l'intérêt des rentes qu'elle aurait émises, et amortirait par voie d'achat aux prix du cours, avec ses excédants de fonds, quand il y aurait lieu. Elle fixerait le taux sur lequel devraient être établies les impositions spéciales en rapport avec les dépenses faites, suivant les variations du taux d'intérêt de l'argent au moment de la décision des travaux. Elle ne devrait rien coûter à l'État qui donnerait seulement sa garantie générale supplémentaire aux rentes émises, rentes ayant déjà la garantie particulière des impositions directes spéciales établies sur les terres améliorées par les travaux qu'elles auraient payés.

C'est par de larges et simples mesures exécutées avec décision qu'on peut donner une vive impulsion aux progrès si lents de l'agriculture, et par suite à tout le travail national.

ÉTUDE SUR LES IMPOTS.

Un des points les plus importants de l'organisation politique est une bonne assiette des impôts ; aussi est-il utile d'exposer les principes qui doivent la régler, surtout dans une crise aussi grave que celle que nous traversons.

Les impôts représentent la partie de la fortune de chaque nation qu'elle doit chaque année consacrer à ses dépenses collectives ; ce serait une erreur de croire que le meilleur gouvernement sous ce rapport est celui qui demande le moins d'impôts ; c'est celui qui les asseoit le plus équitablement, qui les perçoit avec le plus d'économie, et qui les dépense le plus utilement ; mais laissons de côté, pour le moment, la question du chiffre total d'impôts à percevoir, et examinons comment ce chiffre, étant déterminé d'après celui des dépenses nécessaires, doit être perçu sur les contribuables.

Deux principes doivent présider à la solution de cette question.

Le premier, c'est que l'impôt ne doit s'adresser qu'au superflu de chacun, et par suite porte sur le capital qui représente l'accumulation de toutes les épargnes faites sur le revenu, et non pas sur le revenu lui-même, fruit annuel du travail annuellement consommable, dont le superflu seul passant à l'état de capital doit être soumis à l'impôt. La justice veut d'ailleurs que chacun concoure aux charges publiques suivant sa position de fortune et de famille.

Le second c'est que l'impôt ne doit jamais entraver le travail, vraie source de la prospérité générale et particu-

lière, mais au contraire exciter au travail hommes et
capitaux.

Ces deux principes condamnent un grand nombre d'impôts qui frappent en aveugles, au hasard, sur l'indigent
comme sur le riche, ou qui entravent plus ou moins directement l'essor du travail.

Tout impôt gênant le travail, soit des hommes, soit des
capitaux, devrait donc être supprimé, et le produit de ces
impôts supprimés devrait être demandé à un impôt excitant la production en frappant l'oisiveté des hommes et
des capitaux.

*
* *

Donnons quelques exemples pour être mieux compris :

Parmi nos impôts, il en est un, l'impôt des patentes,
qui atteint directement l'exercice des professions libres;
ainsi, de deux hommes à fortune égale, dont l'un est
complétement oisif, et dont l'autre exerce une profession
patentée, le premier est libéré et le deuxième est frappé
par l'impôt; nos principes demanderaient le contraire.

De deux maisons voisines, de même valeur et dans une
même situation, l'une, appartenant à un propriétaire actif
et laborieux, est constamment en valeur et occupée par
des industries lucratives; l'autre, appartenant à un propriétaire incapable ou négligent, est constamment fermée
et se dégrade sans utilité dans un abandon coupable; nos
impôts frappent la première, dégrèvent la deuxième. Nos
principes demanderaient encore le contraire.

Pour que nos capitaux immobiliers travaillent le plus
fructueusement, il importe qu'ils soient placés dans les

mains les plus capables de les exploiter parfaitement, et cette capacité n'est pas malheureusement héréditaire comme leur propriété. Il importe donc à la prospérité publique que cette propriété puisse facilement changer de mains, et, pour cela, l'impôt frappé sur les mutations immobilières devrait être supprimé.

Parmi les impôts indirects, il en est un qui me paraît particulièrement fâcheux pour la France. S'il est une culture caractérisant ce pays, c'est la vigne, et les vins de France sont une de ses productions les plus remarquables. Ce devrait donc être un produit à favoriser et encourager par tous les moyens. Or, il n'en est peut-être pas de plus traqué par l'impôt, qu'il paye souvent en double et en triple, et dont la circulation soit plus difficile et plus entravée ; et cela conduit à ce fâcheux résultat, que les intermédiaires qui font arriver cette denrée du producteur au consommateur en vingtuplent souvent le prix. Ainsi, depuis qu'une législation rationnelle a rendu franche d'impôt et libre la circulation des céréales, on peut dire que la plus grande partie du prix payé par le consommateur d'une livre de pain revient, comme de juste, au producteur. Mais, quant au vin, quoique ce produit ait sur le blé l'immense avantage de se conserver et de s'améliorer même en vieillissant, et celui d'être immédiatement consommable en sortant des mains du producteur, tandis que le blé doit être auparavant moulu et boulangé, nous avons vu le litre de vin vendu o fr. 10 c. par le producteur, payé jusqu'à 2 fr. par le consommateur. Il n'y a pas d'autre raison de cette anomalie que les entraves apportées par le fisc à la circulation du produit, entraves qui favorisent l'introduction funeste de nombreux parasites intermédiaires. Parmi les impôts indirects, il en est d'autres fâcheux, comme les impôts sur le sucre et le sel, parce que ce sont des substances alimentaires non-seulement nécessaires directement, mais très-utiles comme éléments conservateurs pour un grand nombre d'autres denrées alimentaires.

Il est, au contraire, certaines catégories d'impôts qui nous paraissent bien établies et devoir être conservées comme satisfaisant aux principes posés. Je classe d'abord ainsi tous ceux qui représentent un service rendu par l'Etat dans de bonnes conditions, tels que les postes, les télégraphes. Il est une autre catégorie utile aussi, celle qui frappe des objets d'une consommation malsaine ou dangereuse, comme le tabac, la poudre, les eaux-de-vie, etc. On doit aussi conserver les douanes, dont le but est de régler de la manière la plus avantageuse au pays notre commerce extérieur, jusqu'à ce que les progrès universels permettent d'arriver au libre échange international. L'impôt sur les successions est encore un impôt à conserver sur le chiffre net comme frappant le capital à un moment bien choisi, à l'heure où il va passer en de nouvelles mains.

L'impôt foncier établi depuis longtemps est entré dans les éléments de la valeur actuelle des propriétés, et il ne doit y être touché qu'avec le plus grands ménagements.

La cote personnelle et mobilière est aussi bien établie et assez facilement perçue ; elle devrait être seulement allégée des petites cotes frappant sur des indigents notoires.

Je m'arrête, ne prétendant pas passer ici la revue complète des impôts plus ou moins utiles à conserver ou à supprimer.

*
* *

Comment remplacer tous les impôts à supprimer ? Par un seul impôt sur le capital, laissant affranchi un certain chif-

fre regardé comme un minimum nécessaire au travailleur
et se protégeant facilement seul. Ce chiffre pourrait être,
par exemple de 2,000 francs par tête, en comptant toutes
les personnes à la charge du contribuable, et cette franchise
supprimerait un grand nombre de petites cotes, libérerait
de l'impôt, ainsi qu'il est de toute justice, tous les gens
trop peu fortunés, et assurerait l'adhésion du plus grand
nombre à cet impôt équitable.

Cet impôt sur le capital est très-facile à établir, et aurait
l'immense avantage de lui donner un coup de fouet pour
l'exciter à produire. Cet impôt serait, en effet, très-léger
pour le capital productif et travailleur, très-sensible sur les
capitaux paresseux et improductifs.

Il aurait pour effet d'établir officiellement la fortune de
chacun, et de donner ainsi une base sûre et vraie au crédit,
très-utile pour les honnêtes gens, fâcheuse pour la fraude
et l'improbité. Il ne serait plus possible, en effet, de tromper sur sa véritable position les personnes avec lesquelles
on aurait des transactions à passer, et de faire des fortunes scandaleuses d'une origine inconnue. Nos mœurs
répugnent, nous dit-on, à cette publicité de la position
de fortune de chacun, et ne permettent cette révélation
qu'après la mort pour l'impôt sur les successions. Nous
aimons à croire que notre société n'est pas assez malade
pour ne pouvoir supporter cette introduction de la vérité
dans les affaires, et ne pas en tirer, au contraire, des résultats salutaires; aussi n'hésitons-nous pas à la proposer
hardiment. Nous sommes intimement persuadé, en effet,
que le remplacement de tous les impôts iniques, aveugles,
entravant la création et la circulation des produits utiles,
par un seul impôt sur le capital, l'excitant au travail et à
la production, développerait la prospérité publique dans

des proportions inespérées. Nous reconnaissons, il est vrai, que cette utile mesure demanderait une grande vigueur pour être appliquée et bien expliquée à tous. Mais, comme elle serait immédiatement utile aux classes les plus laborieuses et les plus nombreuses, nous sommes convaincu que le gouvernement intelligent qui la décréterait y puiserait autant de force que de popularité.

*
* *

On nous fait bien des objections de détail sur la prétendue impossibilité ou du moins sur les énormes difficultés d'établir cet impôt unique sur le capital ; il serait trop long de les exposer toutes et d'y répondre ici. Nous dirons seulement qu'en admettant la publicité et le principe de *préemption*, on pourrait accepter le système de l'évaluation libre et volontaire par chacun, de ses propriétés et valeurs ne pouvant être facilement évaluées directement. L'Etat seulement aurait, dans ce cas, le droit de corriger cette évaluation, et, si le contribuable ne voulait pas l'accepter, de l'exproprier au prix de l'évaluation corrigée que le contribuable lui-même aurait trouvée supérieure au prix qu'a pour lui la valeur litigieuse. Ainsi, pour donner un exemple, un particulier ayant une valeur quelconque, non établie par des moyens certains et réguliers, ce qui obligerait à lui demander son estimation, l'estimerait 100,000 francs; l'Etat pourrait lui dire : je l'estime 150,000 francs ; et, si vous trouvez que c'est trop, je vous la prends à ce prix, parce que vous ne la faites pas valoir ce qu'elle vaut et ce qu'elle vaudra dans d'autres mains. Tout le monde gagnerait à ces transactions, qui amèneraient les diverses propriétés aux mains les plus capables de les exploiter utilement.

* *
*

Si, après cette étude théorique des principes qui nous paraissent devoir régir le système des impôts, on nous demandait quelle proposition pratique et immédiate nous jugerions possible de faire, nous répondrions que les impôts sont une matière trop délicate pour que l'on doive y toucher légèrement ; que dans tous les cas, on ne peut songer à supprimer un impôt passé dans les habitudes et se percevant facilement, que lorsqu'on a assuré le remplacement de son produit par un nouvel impôt bien expérimenté.

Voici la formule de l'impôt dont je proposerais l'essai :

Toute personne possédant plus de 2,000 francs par tête à sa charge, paiera sur l'excédant un millième jusqu'à 20,000 francs par tête, deux de 20,000 à 100,000 francs, trois de cent mille à un million, et quatre sur la partie de sa fortune excédant un million par tête à sa charge.

Le produit de cet impôt après la première année de sa perception servira à supprimer pour une somme égale les impôts entravant le plus le travail, la création, la circulation et la consommation de ses produits.

La proportion du millième pourrait être changée chaque année par la représentation nationale, et augmentée ou diminuée suivant les besoins du pays.

Il nous a paru que la proportion de l'impôt sur le capital devait croître avec lui pour entraver ses trop fortes accumulations, sources d'oisiveté immorale et d'une protection sociale plus difficile ; mais cette proportion doit être établie sur le chiffre divisé par le nombre des membres de la famille.

Cet impôt laissant complètement franc pour tous les

citoyens 2,000 francs par tête, ne prendrait qu'une fraction minime sur les fortunes modestes, s'élevant équitablement sur les assises successives des fortunes plus considérables, sans dépasser cependant un taux relativement modéré sur d'évidents superflus.

Le capital imposable de la France peut s'élever à 200 milliards environ qui produiraient, à un taux moyen de deux millièmes, 400 millions permettant de supprimer un chiffre égal des impôts qui entravent le plus le travail.

Cet impôt ne frappant fortement que le superflu, ne serait qu'un utile stimulant pour la paresse des hommes et des capitaux, parce qu'ils serait léger pour les travailleurs qui produiraient, et lourd seulement sur les paresseux improductifs.

Si l'opinion n'est pas assez avancée pour admettre le principe de l'impôt progressif, quelque juste qu'il nous paraisse en ne le faisant porter que sur les excédants successifs, de façon que tous soient traités également pour les premières assises de leur fortune, il faudrait doubler le taux de l'impôt proportionnel, et le porter à deux millièmes. pour avoir au moins le même produit.

A ceux qui, au seul mot d'impôt sur le capital, crient au socialisme, nous répondrons que les vrais préservatifs contre les horreurs du mauvais socialisme sont la justice et la vérité produisant, par le travail aidé et encouragé, le bonheur et l'abondance pour tous.

Des conséquences naturelles de l'établisssement d'une juste imposition capitaliste, consisteraient à réviser les tarifs des amendes pénales et à les former d'une partie fixe et d'une partie proportionnelle à l'imposition capitaliste pour satisfaire à un sentiment de justice incontestable.

Il serait juste aussi de réviser la législation des retraites pour en modifier les tarifs suivant la position de famille et de fortune exactement constatée par l'imposition capitaliste des personnes retraitées.

ÉTUDES SUR LA GUERRE ET L'ARMÉE.

La guerre est une sanglante et ruineuse absurdité qui devient tous les jours plus sanglante, plus ruineuse et plus absurde, plus sanglante par le développement des moyens de destruction, plus ruineuse parce que le capital social sur lequel s'exercent ses fureurs s'augmente sans cesse pendant les heureuses périodes de paix, plus absurde parce que les passions hostiles qui poussaient les tribus sauvages et les peuples barbares ou imparfaitement civilisés à s'égorger mutuellement s'effacent de plus en plus.

Quand on réfléchit à tous les efforts de génie dépensés, encore en ce moment, à perfectionner sans cesse les procédés de tuerie et de *brûlerie*, de démolition et de noyade, on ne peut s'empêcher de penser qu'il serait plus facile de trouver les moyens d'abolir ce procédé primitif et barbare de la guerre, pour dénouer les querelles internationales.

Certes, s'il est une vérité vulgaire et reconnue, admise par la conscience de tous les peuples et de tous les hommes, c'est l'absurdité de la guerre ; tous les hommes de bien n'ont cessé de rêver son abolition ; mais il ne suffit pas de maudire ce fléau du passé et du présent, qui a eu et qui a malheureusement encore ses raisons d'être. Il faut trouver les moyens de s'en passer, il faut détruire ses origines, ses causes, ses nécessités. C'est un des buts auxquels je me suis dévoué, que j'ai cherché toute ma vie, et c'est parce qu'avec ce procédé évangélique de chercher pour trouver, j'ai la conviction d'avoir trouvé, en effet, ces moyens naturels et efficaces de suppléer à la guerre, que j'ai cru devoir les exposer dans cet opuscule.

Ces moyens sont l'abondance et la liberté, ou du moins les produisent. On ne peut, en effet, assurer la paix sans produire en même temps ces deux biens inestimables qui accompagnent la paix aussi nécesssairement que misère et esclavage sont les compagnons inséparables de la guerre.

Les moyens généraux d'éteindre la guerre sont des idées bien répandues déjà. Philosophes, inventeurs et poètes les ont bien vulgarisés. L'Europe est, sur la terre, la principale concentration des forces humaines, et la première partie du monde où la guerre doit disparaître, ainsi qu'elle a disparu dans les nations civilisées entre les citoyens qui ont déposé leurs épées devenues inutiles, et entre les villes qui se sont déliées de leurs gênantes ceintures fortifiées.

Quand deux nations civilisées ont un sujet de conflit, elles devraient avoir le bon sens de s'accorder à en remettre toujours le jugement à l'arbitrage impartial d'une nation amie commune des deux peuples en dissention.

Mais s'il ne peut y avoir accord pour cet arbitrage amiable, est-ce à dire qu'il n'y ait plus que la guerre pour terminer le différend ? Non certes, et c'est alors qu'il faut recourir à une autorité nationale collective.

Certes, il n'est personne qui ne reconnaisse que pour éteindre la guerre en Europe, il faudrait réaliser une convention générale des états européens pour fonder un tribunal devant juger les conflits internationaux et une gen-

darmerie européenne pour assurer l'exécution de ses jugements. Les Congrès européens et les exécutions collectives
de leurs décisions sont des germes encore bien imparfaits
de ces institutions de l'avenir :

Tribunal, Conseil ou Congrès Européen permanent ;

*Armée ou Gendarmerie permanente Européenne pour assurer
l'exécution des jugements de ce tribunal.*

Mais comment constituer ces organes nécessaires de la
paix européenne, et donner les moyens d'instruire équitablement les dissentions internationales qu'ils devraient
dénouer ? C'est ici qu'il a été nécessaire de chercher des
procédés nouveaux.

Il n'existe pas aujourd'hui de moyen sûr de connaître
la volonté d'une nation. Les divers procédés électoraux
employés jusqu'à présent sont plus ou moins absurdes, et
il était absolument nécessaire de trouver, pour les nations,
des moyens sûrs de se faire représenter fidèlement. — L'exposition de ces moyens a formé la première partie de cet
opuscule.

Les nations ne veulent, en effet, jamais la guerre ;
ceux qui la réclament à grands cris dans diverses circonstances sont toujours en très petite minorité ; s'ils font
quelquefois illusion, ce n'est qu'en l'absence de représentation certaine et complète de toute la nation; aussi le
plus sûr moyen d'empêcher ces sanglantes et ruineuses en-
treprises qui enraient pour si longtemps les progrès de
l'humanité vers ses heureuses destinées, consiste-t-il dans de
bons procédés électoraux, assurant d'une manière tout à
fait certaine la représentation sincère et intégrale des vrais
intérêts et sentiments nationaux. C'est ainsi que la dernière
guerre qui nous a désolés n'était pas plus voulue par la
France que par l'Allemagne. Si les deux nations eussent

dû décider elles-mêmes la question, elles n'auraient jamais consenti à cette guerre absurde et barbare qui, en quelques mois, a fait périr plus de 500,000 personnes par le feu, les maladies et la misère, a plongé des millions de familles dans la ruine et le désespoir et a consommé de nombreux milliards à cette œuvre effroyable dont tout l'univers a plus ou moins souffert.

Cette maudite guerre, entreprise malgré les deux nations qui en ont souffert, a produit l'effet déplorable d'une annexion forcée de deux malheureuses provinces arrachées à leur nationalité pour être violemment attachées à une autre ; c'est un vrai crime social aussi funeste pour une nation que pour l'autre. La nationalité s'altère, en effet, aussi bien par des annexions au-delà des limites naturelles que par des arrachements de parties comprises dans ces limites. Le nouvel empire allemand ne sera pas plus fortifié par ces annexions contre la nature et contre le vœu des populations, que ne l'avait été le premier empire français par l'annexion de faux français d'au-delà des Alpes et du Rhin. La nation qui avait déclaré la guerre par des motifs absurdes et qui en était punie par de désastreuses défaites, pouvait être condamnée à payer les frais de la guerre et à donner des garanties contre de nouvelles agressions par des destructions de fortifications et des neutralisations de frontières, mais là devaient se borner les fruits de la victoire, et le gouvernement qui a abusé de son triomphe en faisant primer le droit par la force, a assumé devant l'humanité et l'histoire une terrible responsabilité. Puisse la raison de l'humanité progresser assez pour devancer de cruelles revanches, par la prochaine abolition de ce fléau de la guerre. Tel est mon vœu bien sincère, mais que je ne puis, hélas ! faire partager, même par mes enfants ulcérés par les horreurs tudesques qui ont déshonoré même la guerre.

*
* *

Il ne suffisait pas d'avoir déterminé le moyen rationnel de représentation des nations.

Il fallait encore pouvoir donner un élément suffisant à l'activité humaine, et la dériver vers le travail fécond, père de l'abondance; nous en avons indiqué un moyen dans la deuxième partie de cet ouvrage.

Dans la troisième, enfin, nous avons indiqué un procédé pour asseoir équitablement un impôt qui pourrrait servir à acquitter les frais d'un tribunal et d'une gendarmerie européenne, économisant à chaque nation la plus grande partie des frais ruineux d'entretien d'une nombreuse armée nationale.

Mais avant que l'Europe ait assez progressé pour réaliser d'une façon complète et régulière l'extinction de l'absurde fléau de la guerre, il est un premier progrès que chaque nation civilisée pourrait adopter ; c'est la proscription de toute guerre offensive. Il est certes loisible à chaque nation de déclarer qu'elle considère comme un crime social contre l'humanité toute guerre offensive, qu'elle se l'interdit d'une façon absolue pour l'avenir, et qu'elle ne fera jamais la guerre que pour se défendre elle-même ou pour défendre ses alliés ayant adopté les mêmes principes ; qu'il n'arrivera plus à ses soldats d'être exposés à remplir ce rôle odieux et déshonorant de voleur, pillard, incendiaire et assassin chez une nation étrangère.

Quelque offense qu'une nation ait reçue d'une autre, elle ne doit jamais l'attaquer. Elle peut cesser toutes relations avec elle, fermer ses frontières, rappeler ses nationaux, expulser ceux de la nation ennemie, se tenir prête à repousser vigoureusement ses attaques; mais elle ne doit, dans aucun cas, franchir ses frontières pour porter la mort et l'incendie parmi de malheureuses populations complétement innocentes le plus souvent des injures à venger.

Les neutralités convenues comme celles de la Suisse et de la Belgique qui se sont interdit, en fait comme en droit, toute guerre offensive extérieure sont un germe réalisé du progrès sérieux que j'indique.

*
* *

Autant une guerre offensive est criminelle et insensée, autant la guerre défensive est sainte et sacrée. Il est donc on ne peut plus important pour toute nation d'organiser son armée pour une défense énergique à outrance contre toute attaque extérieure. C'est le meilleur moyen de bien composer cette armée, qui doit terminer ce petit ouvrage.

Ce serait une erreur de croire que les armées les plus puissantes sont toujours les plus nombreuses; les armées les plus puissantes sont les armées les mieux composées, ayant le moins de non valeurs, formées des troupes les mieux recrutées, les mieux exercées, les mieux équipées, habillées, chaussées et nourries, les mieux armées et surtout les mieux commandées. D'autres éléments fort importants de la puissance d'une armée sont l'esprit d'honneur militaire et le sentiment national qui l'animent, et la justice de la cause qu'elle défend.

Voici les principes qui nous paraissent devoir présider au meilleur recrutement d'une armée-nationale bien composée pour la défense vigoureuse de son pays :

Tout citoyen pour concourir à la défense de son pays doit connaître le maniement élémentaire des armes et contribuer au service militaire soit de sa personne, soit de sa fortune, dans la mesure nécessaire.

Chaque citoyen à l'âge d'aptitude au service militaire serait admis à se classer lui-même dans l'armée active ou dans la réserve.

Le classement volontaire dans l'armée active donnerait un droit légitime à une prime annuelle en temps de service.

Le classement dans la réserve rendrait passible d'une contribution annuelle en partie fixe, en partie proportionnelle à l'imposition capitaliste, dont les taux divers seraient fixés suivant les circonstances, contribution qui serait payée tant que le réserviste ne servirait pas activement.

Les citoyens exonérés pour raison de santé ou de service civil paieraient la partie de contribution proportionnelle à leur imposition capitaliste.

Le contingent annuel de l'armée active serait recruté d'abord parmi les classés volontaires pour le service actif, puis dans la réserve en suivant un ordre déterminé par l'aptitude au service et par la position de famille et de fortune.

Connaissant ainsi parfaitement toutes les ressources militaires du pays, on composerait l'armée de la partie de la nation la plus apte au noble métier des armes d'après son propre classement libre et naturel, en se procurant par une juste contribution de tous ceux qui ne serviraient pas, les ressources nécessaires à ceux qui serviraient. On conserverait ainsi au travail agricole et industriel nécessaire à la vie de la nation et de l'armée, la partie de la population la plus propre à ce travail. Il faudrait, en effet, que tout ouvrier agricole ou industriel *laborieux, assidu, économe* pût payer la contribution fixe lui donnant droit à être placé dans la réserve, tandis que la jeunesse active, turbulente, aventureuse, plus propre à la profession militaire qu'aux travaux paisibles et continus serait conduite à former de solides et belliqueux bataillons, les plus propres à repousser du sol sacré de la patrie d'injustes agresseurs.

*
* *

Je dois exprimer, en terminant, le regret profond que la forme de cette brochure soit aussi indigne des excellentes idées qu'elle contient; c'est pour cela que j'ai toujours demandé et que je demande encore à ceux qui s'assimileront ces idées et qui auront le talent nécessaire, de les exposer mieux que je ne l'ai fait. Je supplie tous ceux qui reconnaîtront la justesse, l'utilité et l'importance de quelques-unes de ces idées, de profiter de toutes les occasions qui leur seront offertes, pour les propager et les répandre ; ils contribueront ainsi, par leurs généreux efforts, à l'avènement plus ou moins prochain et bien désirable de l'avenir de liberté, d'ordre et de paix qui attend l'humanité lorsqu'elle aura su reconnaître et appliquer les grandes lois divines de son vrai bonheur.

Je n'ai aucune prétention d'inventeur sur les grandes et fécondes vérités au service desquelles je me suis consacré. La vérité est à tous, et mon désir le plus ardent est de susciter des hommes de génie qui se passionnent pour elle et sachent la produire au grand jour. Je rends, d'avance, hommage au génie puissant qui s'en emparera, qui la féconndera, et la fera éclore pour le bonheur du genre humain.

RÉSUMÉ ET TABLE DES MATIÈRES.

Rochefort, — Imp. TRIAUD et GUY, rue des Fonderies, 72.

.

www.ingramcontent.com/pod-product-compliance
Lightning Source LLC
Chambersburg PA
CBHW070933280326
41934CB00009B/1857